Gustave Planche

Le Musée
du Louvre

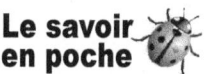

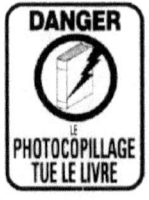
ISBN : 978-1547011360

10 9 8 7 6 5 4 3 2 1

Gustave Planche

Le Musée
du Louvre

Le savoir
en poche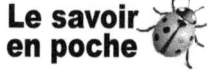

Table de Matières

Le Musée du Louvre

La décoration du Musée par M. Duban donne lieu aux plus sévères réflexions. L'état, il faut lui rendre justice, ne s'est pas fait prier pour fournir à l'architecte les moyens d'embellir dignement les salles consacrées aux chefs-d'œuvre de toutes les écoles. Toute la question se réduit à savoir comment M. Duban a usé des moyens que l'état mettait à sa disposition. Personne à coup sûr ne peut contester l'éclat et la magnificence du salon carré, de la salle dite des sept cheminées. Reste à savoir si ces deux salles, si magnifiquement décorées, sont décorées selon leur destination ; c'est ce que je me propose d'examiner.

Je me hâte de déclarer que la grande galerie, dont plusieurs parties, condamnées depuis longtemps à l'obscurité, portaient parmi les artistes le nom de catacombes, ont été rendues à la lumière par des trouées faites à la voûte. C'est là sans doute un service réel rendu à la peinture. Je dois dire seulement que M. Duban, en acceptant cette tâche, n'a pas semblé en comprendre toute l'importance. Il a fait des trouées à la voûte pour éclairer les tableaux : c'est bien ; mais la tâche de l'architecte ne s'arrêtait pas là. Le plus simple bon sens prescrivait de mettre ces trouées d'accord avec la décoration générale de la voûte. Or, c'est précisément ce que M. Duban a négligé. Il a éclairé les tableaux, et je l'en remercie ; mais son devoir allait plus loin : il n'était pas permis de tailler dans les caissons figurés à la voûte sans motiver les nouvelles ouvertures. M. Duban, en négligeant l'accomplissement de cette condition indiquée par le bon sens le plus vulgaire, semble avoir voulu montrer que la partie utile de son art n'est pour lui qu'une partie secondaire. Caprice de vanité que chacun a compris, et qui ne lui a pas porté bonheur ! La lumière répandue dans les parties ténébreuses de la grande galerie est, à vrai dire, le seul service que M. Duban ait rendu à la peinture, et la manière dédaigneuse dont il s'est acquitté de cette tâche n'était pas de nature à lui mériter l'indulgence ; aussi ne faut-il pas s'étonner si le salon carré et la salle dite des sept cheminées ont été jugés avec sévérité.

La décoration du salon carré, confiée à M. Simart, offre plusieurs parties très recommandables. Malheureusement le sculpteur, en obéissant aux instructions de l'architecte, s'est trouvé entraîné dans une voie parfaitement fausse. Tous ceux qui ont suivi depuis vingt ans l'histoire de la sculpture en France savent à quoi s'en tenir sur le talent de M. Simart. Chacun rend justice aux études sévères par lesquelles il s'est préparé à la pratique de son art. Son *Oreste poursuivi par les Euménides*, ses bas-reliefs pour le tombeau de Napoléon, ont marqué sa place parmi les artistes les plus sérieux et les plus habiles de notre temps. Affranchi du caprice de M. Duban, j'aime à croire qu'il eût trouvé pour le salon carré une décoration que le goût pût avouer ; soumis à la volonté impérieuse de l'architecte, il a exécuté avec un soin que je me plais à reconnaître des figures et des bas-reliefs qui ont le tort très grave de ne pas répondre à leur destination.

Quatre bas-reliefs en forme de médaillons représentent les quatre arts du dessin peinture, sculpture, gravure et architecture. M. Simart a choisi, pour personnifier ces quatre faces de la fantaisie, Nicolas Poussin, Jean Goujon, Pesne et Pierre Lescot. Le nom de Pesne est le seul qui puisse soulever une discussion. Quoique ce graveur, maladroit dans le maniement de son burin, ait rendu à Poussin d'incontestables services en respectant fidèlement le caractère de ses compositions, il eût été plus sage, à mon avis, de choisir Audran, qui non-seulement a très habilement interprété les compositions de Lebrun ; mais dont les gravures sont très supérieures aux tableaux qu'il a copiés. Sauf cette réserve, qui sera faite par tous les esprits familiarisés avec l'histoire des arts du dessin, je reconnais volontiers que M. Simart a traité dignement les sujets qui lui étaient confiés. Nicolas Poussin, Jean Goujon et Pierre Lescot personnifient en effet d'une façon éclatante la peinture, la sculpture et l'architecture. Les médaillons destinés à représenter ces trois artistes éminents sont traités avec une grande élégance. Toutefois il est permis de se demander pourquoi l'auteur, après avoir placé Jean Goujon entre deux figures traitées dans le style de ce maître, a soumis Nicolas Poussin, Pierre Lescot et Pesne aux mêmes conditions. C'est une fantaisie que le goût ne peut avouer. En décorant l'hémicycle de l'École des Beaux-Arts, M. Delaroche a cru devoir nous représenter dans le style florentin les maîtres de l'école florentine, dans le style romain les maîtres de l'école romaine, dans le style vénitien les maîtres de l'école vénitienne. Cette idée n'a produit qu'une œuvre sans unité. M. Simart, séduit par le style de Jean Goujon, a cru pouvoir l'appliquer à l'expression de toutes les idées qui lui étaient confiées. C'est à mes yeux une erreur grave. Non-seulement je pense qu'il eût été sage de figurer Jean Goujon sans lui emprunter son style, mais je suis convaincu que le style de Jean Goujon, appliqué à la représentation de Pierre Lescot et surtout de Nicolas Poussin, est un véritable non-sens. C'est introduire de gaieté de cœur la monotonie dans des sujets qui sont naturellement variés. Je pourrais à la rigueur accepter le style de Jean Goujon pour Pierre Lescot, puisqu'ils sont contemporains. Quant à Nicolas Poussin, il y a une telle différence entre le style de ses compositions et le style de Jean Goujon, qu'il m'est impossible d'accepter pour le peintre des Sacrenaens le style élégant et voluptueux de l'auteur de la *Diane*. Il fallait, je ne dis pas traiter chaque personnage en copiant servilement son style, mais le traiter du moins selon le caractère de ses œuvres. À Jean Goujon l'élégance et la mollesse, à Nicolas Poussin la grandeur et la sévérité, à Pesne le labeur et le dévouement, à Pierre Lescot la combinaison ingénieuse des formes trouvées par l'antiquité et rajeunies par la renaissance. Dira-t-on que ces quatre pensées ne peuvent se prêter aux conditions de la sculpture ? Ce serait à mon avis une objection puérile, car les travaux de ces quatre maîtres offrent tous les éléments nécessaires pour exprimer la pensée que je recommande. L'unité de style pour ces quatre personnages, très acceptable sans doute, si le style appartenait à l'auteur, donne lieu aux plus sérieux reproches, lorsqu'elle est empruntée à l'un des quatre personnages ; Jean Goujon et Nicolas Poussin ne pourront jamais s'accorder.

Les grandes figures qui personnifient, sous une forme allégorique, les arts du dessin sont traitées avec tout le soin, toute la précision que nous pouvions attendre du talent de M. Simart. Chacun rendra pleine justice à la gravité des visages, à l'élégance des draperies. Il est facile de reconnaître au premier aspect que M. Duban, en s'adressant à M. Simart, a fait un choix judicieux. Malheureusement, la tâche qu'il a confiée au statuaire, fidèlement exécutée, est loin de contenter le regard. Ces figures colossales semblent menacer les visiteurs, car elles ne reposent sur rien. L'architecte, par une singulière inadvertance, a négligé d'établir à la partie supérieure des parois du salon, à la naissance de la voûte, une corniche saillante, visible à tous les yeux, capable de rassurer ceux qui ne savent pas comment ces figures sont construites. Le spectateur, en effet, ne peut deviner qu'elles sont modelées sur place, avec du plâtre à la main, c'est-à-dire tellement minces, tellement légères, que l'armature qui les soutient n'a presque rien à porter. Il se demande naturellement si elles ne vont pas se détacher de la voûte et voler en éclats. J'ajoute que ces figures ne s'accordent pas par leurs proportions avec les médaillons qui les surmontent ; ce défaut d'harmonie ne saurait être imputé au statuaire, qui a suivi religieusement les indications de l'architecte. C'est à M. Duban seul qu'il faut encore s'en prendre, c'est lui seul qui doit en porter la responsabilité. Quant à la composition, qui appartient tout entière au statuaire, elle n'est pas à l'abri de tout reproche.

Gustave Planche

Je me demande pourquoi M. Simart, en personnifiant les arts du dessin, s'est cru obligé de leur prêter l'attitude des sibylles qui décorent la chapelle Sixtine. Prises en elles-mêmes, abstraction faite de leur destination, de la pensée qu'elles doivent exprimer, ces figures méritent les plus grands éloges ; mais je ne comprends pas que l'auteur ait pu se méprendre au point de les transformer en sibylles. Le visage sur la main, le coude sur le genou, leur physionomie n'a pas le calme qu'elle devrait avoir ; leur méditation tient à la fois de la douleur et de la menace. Au lieu de personnifier les différentes formes de la beauté, elles semblent sonder l'avenir ; on dirait que leur bouche va s'ouvrir pour prononcer quelque terrible prophétie. Ainsi, malgré mon estime très sincère pour le talent de M. Simart, je n'hésite pas à condamner la manière dont il a représenté les arts du dessin. Il n'a pas saisi le caractère des sujets qu'il avait à exprimer. Toute son habileté, tout son zèle mis au service d'une idée fausse, ne pouvaient produire qu'une œuvre tourmentée, et c'est en effet le seul nom qui convienne à ces figures.

Les quatre termes disposés en caryatides aux quatre coins de la voûte sont à coup sûr une des conceptions les plus malheureuses qui se puissent imaginer. Jusqu'ici, nous étions habitués à voir les caryatides supporter un poids quelconque. L'antiquité, l'art moderne, n'ont jamais méconnu cette condition élémentaire. M. Duban s'en est affranchi avec un sans-façon tout-à-fait cavalier : non-seulement ses caryatides ne portent rien, et chacun s'en aperçoit, puisqu'elles n'ont au-dessus de leurs têtes qu'une voûte percée à jour, mais encore elles ne posent sur rien. Elles sont tout à la fois inutiles et impossibles : inutiles, puisqu'elles ne portent rien ; impossibles, puisqu'elles n'ont pas de point d'appui. M. Simart s'est efforcé de leur donner du moins de l'élégance à défaut de bon sens ; je ne pense pas qu'il ait complètement réussi. L'insignifiance de la pensée qu'il avait à traduire semble avoir engourdi sa main. Les plans musculaires de ces caryatides, qui joignent les bras au-dessus de leurs têtes pour soutenir le vitrage de la voûte et se terminent en gaîne, sont mollement accusés. Quant aux enfants qui accostent les caryatides, ils manquent de grâce et de jeunesse. Cette donnée vulgaire ne pouvait se racheter que par la finesse de l'exécution, et M. Simart nous a livré la pensée de M. Duban dans toute sa banalité. Je regrette qu'un talent aussi pur, nourri d'études aussi sérieuses, qui a pris rang déjà par des travaux recommandables à plus d'un titre, ait été chargé d'une telle besogne. Le statuaire le plus habile placé en face d'une pareille tâche courait le risque de dépenser son savoir en pure perte. Une seule voie de salut lui était ouverte : discuter avec l'architecte les éléments de la décoration ; mais l'entêtement des architectes est depuis longtemps proverbial : quand une fois ils se sont coiffés d'une idée, ils y renoncent difficilement. Ils croient volontiers posséder seuls la souveraine sagesse ; ils ne voient dans la peinture et la statuaire que les très humbles servantes de l'art qu'ils professent. Il arrive bien rarement qu'ils tiennent compte des objections les plus judicieuses. Il est donc probable que M. Simart eût perdu son temps en discutant avec M. Duban les éléments de la décoration. Il s'est soumis sans résistance aux conditions qui lui étaient posées, et sa docilité ne lui a pas porté bonheur. Dans ce travail considérable, son talent n'est sorti victorieux que d'une seule épreuve : les médaillons, malgré la disposition des draperies, qui rappelle uniformément le style de Jean Goujon, se recommandent du moins par une rare élégance.

Après avoir prodigué l'or et les ornements de toute sorte dans la voûte, M. Duban ne s'est pas tenu pour satisfait. Il a imaginé pour les quatre coins du salon des écrans gigantesques formant des pans coupés. Ces écrans, qui ne s'élèvent pas même jusqu'à la place que devrait occuper la corniche, sont un non-sens ajouté à tant d'autres non-sens. Cette fantaisie singulière que les tapissiers ont réalisée avec empressement, et dont la fabrique de Lyon n'a pas à se plaindre, révèle dans M. Duban un homme appelé aux plus grands succès dans l'ameublement des boudoirs. Toutes les femmes à la mode vont sans doute se hâter de le consulter ou plutôt d'accepter, les yeux fermés, tous les caprices de sa riche imagination. Le poirier déguisé en ébène qui encadre ces écrans et qui règne à hauteur d'appui tout autour du salon fait le plus grand honneur aux ébénistes chargés de le sculpter. Le chambranle des trois portes, taillé dans le même bois, imprime à la décoration une sévérité quelque peu funèbre qui n'est pas dépourvue d'agrément. Le canapé placé au milieu du salon, égayé par la même couleur, n'est pas sans analogie avec un catafalque, et je m'explique très bien l'innocente espièglerie des jeunes gens qui viennent au Louvre étudier les secrets de leur art en copiant les œuvres des grands maîtres : ils ont exprimé à leur manière ce qu'ils pensent de M. Duban ; en traçant à la craie sur le bois du canapé des larmes destinées à compléter cette décoration funèbre. Cette raillerie, digne de leur âge, exprime très fidèlement l'impression produite par le salon carré sur tous les esprits délicats. La méprise est si complète, que la discussion ne sait où se prendre. La somme gaspillée dans cette œuvre sans nom peut seule encourager la réprimande.

La décoration de la salle dite des sept cheminées, je me plais à le reconnaître, n'est pas traitée sans élégance. Cependant cette décoration laisse beaucoup à désirer. M. Duret, chargé d'exécuter les figures qui ornent la voûte, a fait preuve d'un talent que j'aurais mauvaise grâce à contester. Il est certain que l'auteur de ces figures manie l'ébauchoir avec adresse. Toutefois les Victoires ailées qu'il a modelées pour la salle des sept cheminées sont loin de défier la critique. Je ne veux pas nier l'élégance générale qui les caractérise ; il est certain qu'il y a dans ces figures une précision, une harmonie linéaire que tous les yeux clairvoyants découvrent au premier aspect. Pourtant ces Victoires mêmes, si élégantes et si précises dans leurs contours, soulèvent plus d'une objection. Les fragments rapportés d'Athènes par les derniers explorateurs nous ont appris comment la Grèce comprenait les figures ailées, et ces fragments sont empreints d'une telle beauté qu'il n'est pas permis d'en méconnaître l'autorité. Nous possédons à Paris, à l'École des Beaux-Arts, plusieurs débris du temple de la Victoire aptère placé à l'entrée des Propylées. M. Duret connaît parfaitement ces débris et s'en est inspiré. Il suffit de les avoir contemplés une seule fois pour demeurer convaincu qu'il ne les ignore pas. Il serait parfaitement absurde de lui reprocher les conseils qu'il a demandés à ces ruines éloquentes. L'antiquité, et surtout l'antiquité grecque, est tellement riche en leçons, qu'on ne l'interroge jamais sans fruit. Le reproche que je lui adresse est de tout autre nature : si M. Duret, au lieu de regarder pendant quelques minutes les débris du temple de la Victoire aptère, les eût regardés pendant quelques heures, il n'eût pas commis la méprise que je suis obligé de relever. Les figures qu'il a modelées pour la salle des sept cheminées, malgré les ailes attachées à leurs épaules, manquent de légèreté. Pourquoi ? C'est que les draperies sont faites de laine au lieu d'être faites de lin. Or, ce défaut, je pourrais dire ce contre-sens, ne se rencontre pas dans les fragments qui nous ont été rapportés d'Athènes. Les débris décapités placés à l'École des Beaux-Arts sont drapés de lin, et cela se conçoit. Une figure qui veut lutter de vitesse et de légèreté avec les oiseaux doit, en effet, répudier la laine comme un vêtement trop lourd et choisir le lin, si elle ne choisit pas la nudité. M. Duret ne paraît pas avoir compris les obligations que lui imposait la nature même des figures qu'il avait entrepris de modeler. Il a jeté sur les épaules et sur les hanches des Victoires des draperies qui seraient à grand'peine portées par des femmes vigoureuses marchant sur le sol que nous foulons aux pieds. Les figures qu'il a modelées depuis vingt ans prouvent assez qu'il connaît le maniement de l'ébauchoir. Ce n'est pas l'adresse qui lui manque, c'est la réflexion. Il exécute avec finesse ce qu'il a conçu étourdiment. Les Victoires placées dans la salle des sept cheminées établiraient sans réplique la pensée que j'exprime, s'il était besoin de la démontrer. Les figures de M. Duret, élégantes et précises, semblent condamnées par le poids même de leur vêtement à ne pas quitter la terre.

Et si je parle du temple de la Victoire aptère, ce n'est pas que la Grèce me refuse d'autres exemples ; je pourrais facilement, en consultant les souvenirs familiers à tous les esprits, trouver de quoi étayer ma pensée ; mais les fragments placés à l'École des Beaux-Arts sont unis par une si étroite analogie aux sujets que M. Duret a traités, qu'il me semble parfaitement juste d'estimer l'œuvre du sculpteur français d'après les documents qu'Athènes nous a laissés. Cependant je ne voudrais pas exagérer la portée de cette comparaison. Personne aujourd'hui parmi nous ne peut lutter avec les œuvres de l'école attique, et j'ajoute que l'Italie, l'Allemagne et l'Angleterre ne sont pas dans une condition meilleure. Je ne veux donc pas chicaner M. Duret sur l'intervalle qui sépare ses Victoires des Victoires du temple athénien ; mais la manière dont il a distribué les couleurs sur les vêtements de ces figures ne saurait être acceptée. Rien de plus simple, en effet, que de jeter les étoffes colorées sur les étoffes blanches. Le procédé contraire ne peut être justifié par aucun argument. Et pourtant M. Duret n'a tenu aucun compte de ces notions vulgaires ; il a jeté sur les membres demi-nus de ses Victoires des étoffes colorées, et sur ces étoffes colorées des étoffes presque blanches. C'est à mon avis une méprise sans excuse. Peut-être M. Duban a-t-il obligé M. Duret de distribuer les couleurs dans l'ordre que je blâme et que le bon sens réprouve ; peut-être l'architecte, usant du droit souverain qui lui est dévolu, a-t-il contraint le statuaire à violer toutes les données fournies par l'usage, par l'évidence. Sans me prononcer sur la part de responsabilité qui revient à M. Duret, à M. Duban, je me contente d'affirmer que l'emploi des couleurs dans la salle des sept cheminées est contraire à tous les principes du goût. L'étoffe blanche sur la chair, l'étoffe colorée sur l'étoffe blanche, voilà ce que la tradition, ce que l'usage établit. Ni le peintre ni le statuaire ne peuvent méconnaître ces données élémentaires, et je me trouve amené à répéter pour M. Duret ce que j'ai dit pour M. Simart. Si M. Duban, en esquissant la décoration de la salle des sept cheminées, a posé les conditions absurdes que je viens d'énumérer, tout en reconnaissant que le statuaire s'est trouvé obligé de les subir, je ne renonce pas à les condamner. J'absous M. Duret, qui s'est soumis, et qui n'avait pas la liberté du choix ; je condamne l'architecte, qui lui a imposé ces conditions.

Je dois le dire, la salle des sept cheminées, malgré tous les défauts qui la déparent, est loin de soulever les mêmes objections que le salon carré. Les Victoires de M. Duret, drapées de laine au lieu d'être drapées de lin, enluminées de couleurs distribuées sans raison et sans prévoyance, n'inquiètent pas le spectateur comme les figures colossales de M. Simart. La seule conclusion que je veuille tirer de cette différence, c'est que M. Duban, complètement égaré par le désir d'éblouir les yeux en traçant la décoration du salon carré, a conçu la décoration de la salle des sept cheminées avec plus de sobriété. Les médaillons placés au-dessous des Victoires sont facilement acceptés malgré l'encadrement hexagonal, qui n'a rien de gracieux.

Toutes ces remarques, si graves qu'elles soient, passeraient sans doute inaperçues, si M. Duban eût consenti à tenir compte du monument qui lui était confié. Les figures modelées par MM. Simart et Duret, malgré toutes les objections qu'elles peuvent soulever, seraient acceptées sans résistance, si le fond même sur lequel sont placés les tableaux se prêtait à la contemplation, à l'étude de la peinture. Malheureusement il n'en est rien. Dans le salon carré comme dans la salle dite des sept cheminées, les tableaux sont complètement sacrifiés à la décoration. M. Duban ne paraît pas s'être préoccupé un seul instant de l'usage assigné aux deux pièces dont je viens de parler. Il faut bien le dire, toute la décoration imaginée par M. Duban semble dirigée contre la peinture, et bien que cette expression puisse paraître exagérée aux esprits timides, c'est la seule qui traduise fidèlement ma pensée. Le fond violet de la salle des sept cheminées, le fond jaune du salon carré, ne permettent pas d'étudier un seul tableau. On dit, et je le crois volontiers, étant donné les innombrables bévues que j'ai déjà signalées, que le fond du salon carré imitait d'abord le cuir doré et repoussé de Hollande, et que l'architecte, dans un accès inattendu de modestie, a consenti à éteindre l'éclat importun de cette imitation, à masquer l'or sous un ton qu'il lui a plu d'appeler neutre, et qui pourtant jette la confusion dans toutes les compositions qu'il devait rendre plus nettes et plus distinctes. L'erreur commise dans la décoration des voûtes, et qui ne saurait être imputée à MM. Simart et Duret, pourrait, à la rigueur, être considérée comme un accident, si les parois des deux salles, par la couleur que l'architecte leur a donnée, ne révélaient un système complet d'hostilités engagées contre la peinture. Si M. Duban consentait à nous avouer la pensée qui a dirigé tous ses travaux, il nous dirait sans doute qu'il n'a jamais songé à servir les intérêts de la peinture. Il voulait nous montrer son savoir-faire, mettre sous nos yeux des échantillons variés de ses souvenirs : c'est là l'unique but qu'il s'est proposé depuis deux ans ; puis, son œuvre achevée, par une condescendance que j'ai peine à m'expliquer, il s'est résigné à tenir compte des objections, et la perca-line qui parodiait le cuir doré de Hollande s'est cachée sous un ton qui n'est précisément ni jaune ni vert. Étrange faiblesse ! coupable pusillanimité ! M. Duban avait décoré le salon carré pour le seul plaisir de ses yeux. Il se glorifiait dans le choix des couleurs et ne redoutait pas la présence importune des tableaux. Tout à coup, je ne sais quel ennemi de sa renommée vient lui rappeler que cette salle doit réunir les chefs-d'œuvre de toutes les écoles, et voilà que M. Du-ban, par un excès d'abnégation, renonce au cuir de Hollande. Quel dommage que les maîtres les plus illustres soient venus nous gâter la pensée de M. Duban en l'obligeant à la modifier ! N'eût-il point été cent fois plus sage de laisser le salon carré tel qu'il était sorti de ses mains, de nous montrer sa fantaisie dans toute sa splendeur, et de reléguer la peinture dans quelque galerie négligée jusqu'ici par le caprice tout-puissant de l'architecture ?

L'arrangement des tableaux vient en aide à la pensée de M. Du-ban. Que l'architecte ait voulu prouver le rôle modeste assigné à la peinture, c'est ce qui ne saurait être douteux pour personne ; aussi n'essaierai-je pas de l'établir l'évidence parle pour moi ; mais il ne pouvait se contenter de lutter contre la peinture par le choix des étoffés et des ornements : il a compris que, pour réaliser pleinement son projet, pour accomplir sa volonté dans toute son étendue, dans toute sa sévérité, il devait mettre la peinture aux prises avec elle-même, et il a franchement accepté cette dernière obligation. C'est lui, je me plais à le croire, qui a conseillé d'encadrer un tableau à la détrempe de fra Angelico entre un Rubens, un Van Dyck, un Titien et un Gérard Dow. Qui donc, hormis M. Duban, se fût avisé de cette combinaison ingénieuse ? Qui donc eût imaginé d'établir une lutte entre l'art mystique et incomplet de fra Angelico et l'art sensuel et savant de l'école vénitienne et de l'école flamande ? M. Duban était seul capable de recourir à ce procédé souverain pour nous prouver que la peinture, si elle est bonne à quelque chose, ne peut servir qu'à gâter l'architecture. Ne soyons pas injuste envers lui ; reconnaissons qu'il n'a pas lésiné sur les preuves, qu'il a prodigué l'évidence autant qu'il était en lui. Fra Angelico, placé entre Titien, Rubens, Van Dyck et Gérard Dow, fait une piteuse figure. Pour s'obstiner à lui attribuer quelque valeur, il faut un courage héroïque ou plutôt un étrange en-têtement. Et, pour que rien ne manque à l'effet de la démonstration,

Gustave Planche

M. Duban, car je persiste à croire qu'il a seul présidé au placement des tableaux, M. Duban met en face de *la Vierge* de fra Angelico *les Noces de Cana* de Paul Véronèse. Comment le peintre de Fiesole ne succomberait-il pas sous une telle comparaison ? Les érudits s'en vont répétant qu'il a consacré toute sa vie à l'expression du sentiment religieux, et qu'il n'a jamais cherché le charme du coloris. M. Duban est trop sensé pour se laisser abuser par ces futiles paroles ; il possède des idées vraiment originales, vraiment inattendues, sur l'histoire de la peinture, sur la manière d'estimer, d'éprouver la valeur des tableaux, quelle que soit l'époque ou l'école à laquelle ils appartiennent. Il veut confondre dans une mêlée sans pitié toutes les époques, toutes les écoles, et j'avoue que ce procédé lui a parfaitement réussi. Fra Angelico n'est plus maintenant qu'une vieille guenille ; désormais il ne sera plus permis d'en parler sous peine de s'exposer au ridicule. M. Duban a gagné sa cause.

Les Noces de Cana avaient besoin d'être rentoilées ; l'administration n'a pas voulu s'en tenir à ce soin vulgaire, elle a souhaité que *les Noces de Cana* fussent restaurées. Heureusement le peintre chargé de cette besogne dangereuse, qu'il serait plus sage de nommer impie, demandait six mois pour l'accomplir, et, comme l'administration ne pouvait lui accorder que vingt jours, il n'a pas eu le temps de défigurer l'œuvre de Paul Véronèse. Félicitons-nous en comptant les blessures faites à cette œuvre immortelle. Qu'eût-il donc fait, mon Dieu ! si l'administration lui eût accordé six mois au lieu de vingt jours ? Le Christ placé derrière la table vient aujourd'hui en avant grâce à la restauration qui a détruit la perspective aérienne. Un convive placé à la droite du Christ et vêtu d'une draperie bleue se trouve dans la même condition. Réjouissons-nous et souhaitons que la France, éclairée par l'exemple de l'Autriche, établisse enfin des peines sévères contre les hommes assez insensés, assez barbares pour dénaturer au gré de leurs caprices les œuvres du génie. L'Allemagne nous a ouvert la voie, pourquoi tarder plus longtemps à suivre ses conseils ? N'y a-t-il pas urgence ? Pourquoi hésiter à déclarer que les œuvres consacrées par l'admiration unanime de plusieurs générations sont inviolables, et que la loi sévira contre ceux qui oseront les profaner ? Le charmant portrait de Rubens, qui fait pendant à la maîtresse du Titien, et destiné par M. Duban à égorger fra Angelico, n'a pas été traité avec plus de respect. Que la loi parle, et les tribunaux parleront.

Dans la salle dite des sept cheminées, la peinture n'est pas soumise à des épreuves moins cruelles. David, Gros, Guérin, représentés par leurs œuvres les plus éclatantes, sont réduits à néant, grâce au fond violet imaginé par M. Duban. Géricault seul résiste à cette attaque furieuse de l'architecture. *La. Méduse, le Chasseur, le Cuirassier*, se détachent vigoureusement sur ce fond criard, et le spectateur les admire comme si l'architecte ne les avait pas condamnés. Un délicieux portrait de femme, de Prudhon, essaie de lutter, mais succombe à la tâche. *Les Sabines, Léonidas, Eylau*, ne sont plus qu'une *purée* sans nom. *L'Antiope* du Corrège, placée sur un écran écarlate dans le salon carré, a gardé sa splendeur, sa divine beauté. David, Gros et Guérin, animés d'un sang moins généreux, devaient périr dans la bataille, et ils ont péri, ou du moins, tant qu'une main bienfaisante ne les aura pas délivrés des étreintes de l'architecte, ils seront rayés de la liste des vivants. Que le fond violet disparaisse et soit remplacé par un fond plus indulgent, et David, Gros et Guérin, que je ne songe pas à mettre sur la même ligne que Raphaël et le Vinci, reprendront sans effort le rang qui leur appartient. Dans l'état présent des choses, il ne faut pas songer à regarder les œuvres qui ont fondé leur renommée. M. Duban s'est chargé de les tuer, et n'a été que trop bien servi. Comment *les Sabines* et *Léonidas* résisteraient-ils à cette cruelle épreuve ? Le mérite linéaire qui les recommande ne doit-il pas s'effacer devant l'éclat criard du fond choisi par M. Duban ? *Eylau* pâlit et n'est plus qu'une ombre. Les mémoires les plus fidèles se demandent avec étonnement ce qu'est devenue la majesté de cette peinture. M. Duban, par la toute-puissance de sa fantaisie, réduit au silence, à la confusion, les esprits les plus résolus. Personne n'oserait défendre David, Gros et Guérin dans la salle des sept cheminées. L'architecte a pris soin de réduire à néant tous les arguments qui pourraient se produire. Toutes les pensées de ces hommes habiles, si applaudies dans les premières années du siècle présent, ne sont plus maintenant que des scènes inintelligibles. M. Duban, qui avait traité si rudement l'école de Florence, s'est montré sans pitié pour l'école de France. Il avait pardonné à l'école de Parme dans la personne d'Allegri ; ne devait-il pas prendre sa revanche sur David ? Il s'est cruellement vengé, et les peintres, à compter de ce jour, doivent voir en lui un irréconciliable ennemi. Je ne crois pas qu'il soit possible d'attribuer un autre sens au salon carré, à la salle des sept cheminées : c'est une guerre à outrance.

Les amis de M. Duban ont dit et répété à l'envi qu'il avait voulu faire du salon carré quelque chose d'analogue à la Tribune de Florence. J'accepte l'intention comme excellente ; quant au fait, je ne saurais l'accepter. Si Florence était aussi éloignée de Paris que Canton, il serait facile de se livrer à des conjectures sans fin, et la discussion ne saurait où se prendre ; mais Florence n'est pas à huit jours de Paris, et la Tribune de Florence est connue depuis longtemps par un grand nombre de voyageurs. Or, je m'adresse à tous ceux qui ont visité la Toscane, et je leur demande s'il est permis d'établir un parallèle entre la Tribune de Florence et le salon carré. Il y a, je le sais bien, un terme de comparaison qui peut être invoqué avec succès : c'est l'importance, la valeur des ouvrages exposés dans le salon carré. Il est certain que le Musée de Paris possède des tableaux de premier ordre, des tableaux que l'Europe entière nous envie. Sur ce terrain, je ne me charge pas d'engager la discussion, et ce serait d'ailleurs pure folie. Oui, la *Joconde* de Léonard, l'*Antiope* du Corrège, les *Noces* du Véronèse, la maîtresse du Titien, peuvent lutter glorieusement avec les plus belles œuvres placées dans la Tribune de Florence. La question ainsi posée se résoudrait à l'avantage de M. Duban, ou du moins resterait tellement douteuse, qu'il pourrait s'attribuer la victoire ; mais il s'agit de savoir s'il a traité les peintures qui lui étaient confiées avec le soin, avec la réserve, avec le respect qui recommandent l'architecte de Florence. Or, la question posée en ces termes nouveaux change complètement d'aspect. Chacun sait en effet que les ouvrages placés dans la Tribune de Florence n'ont pas besoin de disputer l'attention des spectateurs aux ornements de la voûte. Le Christ d'André del Sarto, la *Vénus* du Titien, le portrait de la Fornarina, le portrait de Jules II, sont librement contemplés, et la voûte, qui se contente de verser des flots de lumière, ne distrait pas un seul instant l'attention. La *Sainte Famille* de Michel-Ange, la seule peinture à l'huile de ce maître illustre qui puisse être considérée comme authentique, se laisse étudier sans effort, sans hésitation, car l'architecte de Florence, dont j'ignore le nom, a pris à tâche de respecter la peinture. Ceux qui mettent en doute les *Parques* de la galerie Borghèse, malgré l'austérité qui les recommande et qui paraît leur donner un caractère d'authenticité, peuvent admirer à loisir cette composition singulière, dont les personnages principaux respirent la ferveur chrétienne, dont le fond est complètement païen. Le portrait de Jules II, dont l'exécution est si parfaite, dont le carton placé au palais Corsini est d'une largeur si désespérante, ne se laisserait pas étudier si librement, si l'architecte florentin eût été animé des mêmes idées que M. Duban, s'il eût voulu attirer l'attention sur son œuvre, et ne tenir aucun compte des tableaux placés sous la voûte qu'il avait à décorer.

Si tous les tableaux placés dans la Tribune de Florence sont librement étudiés, c'est que l'architecte n'a pas perdu de vue un seul ins-

18

tant le sens vrai de la mission qui lui était confiée ; c'est qu'il s'est toujours considéré comme le très humble serviteur de la peinture, et n'a pas songé un seul jour à la dominer, à l'effacer. Or, c'est là précisément la condition que M. Duban a constamment méconnue. Autant l'architecte florentin a montré de modestie et d'abnégation, autant M. Duban a montré d'orgueil et d'ostentation. Au lieu de mettre son talent au service de la peinture, il s'est efforcé d'assurer le premier rang aux ornements qu'il avait dessinés. Cette pensée qui, fidèlement exécutée, peut flatter l'amour-propre de M. Duban, n'a rien à démêler avec la destination du salon carré. Si l'*Antiope* du Corrège résiste à l'écran écarlate sur lequel elle se détache, ce n'est pas la faute de l'architecte : à parler franchement, il n'est pas complice de son succès. Si la *Joconde* de Léonard n'est pas éteinte par le fond nouveau où elle se trouve placée, ce n'est pas la faute de M. Duban. Sans la renommée, consacrée par trois siècles, qui défend aux plus incrédules de remettre en question la valeur de cette œuvre, je ne sais pas comment elle serait jugée dans le salon carré. Quant aux Poussin, et surtout quant à *la Vierge* de fra Angelico, il est facile de prévoir ce que la foule en dirait, si la foule n'était retenue par l'éclat de ces deux noms. Sans connaître précisément ce qu'ils valent, sans se rendre compte des épreuves qu'ont traversées ces deux artistes éminents, elle se rappelle confusément qu'ils sont grands et méritent son respect. Bien que les œuvres signées de Nicolas Poussin et de fra Angelico ne produisent pas dans le salon carré l'effet qu'elles devraient produire, qu'elles produiraient infailliblement, si elles nous étaient montrées d'une manière plus intelligente, la foule n'ose pas les blâmer, parce qu'elle craint de se tromper, et cependant, tout en s'abstenant de les déclarer incomplètes, insignifiantes, elle n'ose pas admirer, et l'admiration ne lui coûterait rien, si l'architecte n'eût pas pris à tâche de distraire son attention. Cette hésitation de la foule, trop facile à constater, condamne sans réplique l'œuvre de M. Duban. Je ne veux pas m'évertuer à discuter le génie de Poussin et de fra Angelico ; je ne veux pas peser la valeur des pensées qu'ils ont exprimées. Ce qui est acquis depuis longtemps à l'évidence, c'est qu'ils occupent dans l'histoire de l'art une place considérable, et que cette place, que personne jusqu'à présent n'avait songé à leur contester, paraît remise en question, grâce à M. Duban. L'architecte, en effet, a si bien réussi dans l'expression de sa haine contre la peinture, que Poussin et fra Angelico sont comme non-avenus pour ceux qui ne les ont jamais étudiés que dans le salon carré, tel qu'il est aujourd'hui. Heureusement Poussin et fra Angelico, pour demeurer ce qu'ils sont, n'ont

Gustave Planche

pas besoin de l'estampille de M. Duban. Le caprice de l'architecte ne peut rien enlever à la pureté de leur génie. Les aberrations de la fantaisie, traduites en dorures sans fin, en moulures sans nombre, ne ternissent pas la splendeur de leurs conceptions.

La galerie d'Apollon est habilement restaurée. Sans vouloir exagérer les difficultés de cette tâche, je reconnais cependant qu'elle exigeait un goût délicat, un zèle assidu. M. Duban, en reprenant l'œuvre de Lebrun, a compris qu'il devait accepter sans réserve les données posées par le peintre favori de Louis XIV. Cette preuve de bon sens n'est sans doute pas un titre de gloire ; toutefois, au milieu du chaos qui règne aujourd'hui dans l'architecture, au milieu de la confusion qui dénature aujourd'hui tous les styles, le bon sens doit être compté comme une faculté importante, — un esprit chagrin dirait comme un don précieux. Je suis donc très disposé à louer la restauration de la galerie d'Apollon. Je ne crois pas que l'accomplissement de cette tâche ait coûté des efforts surhumains ; je ne crois pas que, pour retrouver les arabesques imaginées par Lebrun, il ait fallu épuiser toutes les ressources de l'érudition. De tels éloges prodigués à bonne intention me rappellent une fable qui trouve de nos jours des applications nombreuses : *l'Ours et l'Amateur de jardins*. Pour restaurer la galerie d'Apollon, le bon sens et le zèle suffisaient complètement. Il faut remercier M. Duban d'avoir respecté, d'avoir rajeuni, en la ménageant, la conception de Lebrun. Pousser plus loin la louange serait méconnaître la vérité et mêler à l'approbation une raillerie presque injurieuse. S'extasier sur la distribution des dorures, sur le choix des couleurs que le temps avait ternies sans les effacer, n'est à mon avis qu'un pur jeu de paroles, et les panégyristes, sans y prendre garde, écrasent le héros qu'ils veillent exalter. Quelle valeur, quelles facultés attribuent-ils donc à M. Duban ? Ils lui prodiguent les épithètes les plus flatteuses en parlant de cette restauration, comme s'il s'agissait de la conception d'une œuvre savante et inattendue. Ils ne s'aperçoivent donc pas qu'en prodiguant la louange pour une tâche qui n'exigeait que du bon sens et de la docilité, ils le déclarent implicitement incapable d'imaginer un monument, une décoration dont le type n'existe nulle part ? Ce n'est pas la première fois que l'amitié, dans son imprudence, joue le rôle de l'ironie ; mais je dois avouer qu'il lui est arrivé rarement de pousser aussi loin la témérité de son zèle.

Les peintures de la voûte n'ont pas été traitées avec le même respect que les murs de la galerie. MM. Guichard et Muller ont interprété les débris qui leur étaient confiés avec une liberté capricieuse. Je n'ignore pas et personne n'ignore que le rajeunissement d'une peinture à demi effacée présente de nombreuses difficultés. Parfois l'artiste chargé de cette tâche en est réduit aux conjectures, et ne trouve, dans les contours respectés par le temps, qu'un guide insuffisant et problématique. Tout cela est parfaitement vrai ; cependant, quelle que soit la délicatesse d'une telle œuvre, l'artiste qui l'accepte n'est jamais autorisé à méconnaître la pensée, à dénaturer le style de l'inventeur. Or, c'est là précisément ce que M. Guichard a fait plus d'une fois. Je suis loin de prendre Lebrun pour un peintre du premier ordre. Je ne pense pas que *les Batailles d'Alexandre* se placent entre les chambres du Vatican et la voûte de la chapelle Sixtine. Je reconnais volontiers que les gravures d'Audran donnent de Lebrun une idée que les originaux sont loin de justifier. Toutefois personne ne peut méconnaître dans ce peintre privilégié un bon sens qui ne l'abandonne jamais, une harmonie qui permet à l'œil du spectateur d'embrasser sans effort l'ensemble de ses compositions. M. Guichard ne paraît pas avoir compris la nature toute spéciale des qualités qui recommandent ce maître, plus adroit que fécond. Il a voulu nous prouver qu'il ne comprend pas la couleur à la manière de Lebrun, et la preuve, hélas ! n'est que trop complète. Je ne l'accuse pas de servilité, personne ne lui reprochera d'avoir suivi aveuglément les traces de son modèle : je l'accuse d'avoir méconnu le bon sens, d'avoir méconnu l'évidence, d'avoir substitué sa pensée à la pensée de Lebrun, d'avoir voulu nous montrer comment il conçoit le programme accepté par Lebrun, au lieu de se renfermer dans les limites posées par le maître et d'interpréter avec sagacité, sans timidité comme sans caprice, les indications que le cours des âges n'a pas détruites. En pareil cas, en effet, il ne s'agit pas d'inventer, mais de retrouver, et c'est pour avoir méconnu cette distinction, qui n'a rien de subtil, que M. Guichard a manqué le but. À vrai dire, je crois que M. Duban s'était trompé en choisissant M. Guichard ; je crois qu'il n'avait pas consulté avec assez, d'attention ses antécédents. Néanmoins, malgré les objections que soulève le passé de M. Guichard, je pense que, soumis à un contrôle sévère, il aurait pu faire mieux qu'il n'a fait. Abandonné sans réserve à tous les caprices de son imagination, qui n'a jamais étonné personne par sa fertilité, il a mis sous le nom de Lebrun les contours et les tons dont il avait composé son *Rêve d'amour*. Il a dénaturé, en essayant de les compléter, les débris qui lui étaient confiés. Il eût agi plus sagement en refusant la tâche qui lui était proposée. Puisqu'il ne voulait pas se résigner à suivre docilement la pensée de Lebrun, il devait se récuser. Il me répondra peut-être que des exemples nombreux justifient son indocilité. Peut-être citera-t-il comme un argument victorieux façon toute cavalière dont M. Couder a traité les peintures du Rosso au château de Fontainebleau. Ce serait une pitoyable défense. Si M. Couder a commis une faute irréparable, s'il a dénaturé une série de compositions qui, sans pouvoir lutter avec les chefs-d'œuvre de l'art, ont pris cependant un rang éminent dans l'histoire, est-ce une raison pour suivre cet exemple absurde ? Je laisse au bon sens le soin de résoudre cette question. L'improbation publique aurait dû éclairer M. Guichard sur le danger d'une pareille fantaisie, et lui révéler tous les reproches qu'il allait mériter. Il ne reste aux amis de la peinture qu'à confondre MM. Guichard et Couder dans un commun anathème.

L'ancienne administration du Louvre, qui a bien des fautes à se reprocher, avait pourtant compris la nécessité d'isoler les maîtres primitifs. Soit dédain, soit intelligence, car je n'ai pas la prétention de deviner les motifs de sa conduite, elle avait placé dans la salle d'entrée toutes les peintures empreintes du style byzantin. M. Duban, en conseillant à l'administration nouvelle de changer la destination de cette salle, a commis une faute grave, et la raillerie dont il se plaindra peut-être n'est à mes yeux que l'expression de la justice. Je ne veux pas lui demander pourquoi il a fermé l'entrée du salon carré, pourquoi le public, après avoir franchi le premier étage, est obligé de tourner à gauche et de passer par la galerie d'Apollon : il me répondrait sans doute qu'il a voulu obliger la foule à contempler l'œuvre de Lebrun rendue à sa première splendeur. Ce qu'il y a de certain, c'est que la salle d'entrée où se trouvaient autrefois les maîtres primitifs, transformée aujourd'hui en salle de bijouterie, ressemble à une chapelle funèbre. Les esprits enclins à la plaisanterie ont eu raison de demander pourquoi on avait négligé d'allumer les cierges : un mort étendu sur un lit compléterait dignement la décoration de cette salle. M. Duban a cru peut-être que les bijoux disposés sur ce fond sombre paraîtraient plus éclatants, plus précieux ; il doit savoir maintenant à quoi s'en tenir sur la valeur de cette opinion : il a voulu faire de cette salle un écrin, et la foule a répondu à cette fantaisie par un éclat de rire.

Quant à l'administration, qui s'est prêtée à cet étrange caprice, je ne saurais non plus l'amnistier : elle a laissé M. Duban disposer tout à son aise de la salle d'entrée, la décorer comme une chapelle ardente, sans songer un seul instant à ce qu'allaient devenir les maîtres primitifs : c'est de sa part une imprudence qu'on ne peut excuser. Les œuvres des maîtres primitifs, trop peu nombreuses dans notre musée, ne peuvent être appréciées qu'à la condition d'occuper une place à part. Dès qu'une main ignorante ou étourdie les confond avec les maîtres du XVe et du XVIe siècle, elles sont condamnées à l'indifférence, à l'inattention. Le fra Angelico si follement encadré aujourd'hui dans le salon carré, entre Titien, Rubens, Van Dyck et Gérard Dow, appartenait naturellement à la collection des dessins, et c'est en effet dans cette collection que l'administration nouvelle est allée le chercher. Cette peinture en détrempe, placée près d'une peinture à l'huile, doit nécessairement perdre toute sa valeur, et je ne comprends pas que des hommes habitués à voir des tableaux puissent commettre une pareille bévue : il faut vraiment vouloir servir de cible aux reproches et aux railleries pour mettre fra Angelico côte à côte avec Rubens.

M. Jeanron, qui, pendant sa trop courte administration, a fait beaucoup pour le Musée, avait pensé avec raison que toutes les œuvres du même maître doivent être réunies. C'était se ranger du côté du bon sens, et chacun peut à bon droit s'étonner qu'une telle idée ait tardé si longtemps à se faire jour. Cependant cette idée, d'une justesse si évidente, ne suffit pas pour classer toutes les œuvres que possède le Musée. L'exemple de Florence, invoqué si maladroitement par M. Duban et par ses amis pour justifier la décoration du salon carré, devrait être mis à profit avec plus de clairvoyance. Florence possède deux galeries publiques, la galerie des Offices et la galerie Pitti. La galerie Pitti ne renferme que des œuvres choisies avec un discernement sévère. J'en excepte pourtant la Vénus de Canova. La galerie des Offices a toutes les prétentions d'une encyclopédie pittoresque, et si elle ne les justifie pas complètement, du moins faut-il reconnaître qu'elle nous offre la série non interrompue des maîtres italiens. Or, pour les Toscans, l'Italie résume le monde entier. Pourquoi la France ne classerait-elle pas les tableaux qu'elle possède dans l'ordre adopté par Florence ? La galerie des Offices ne se contente pas de réunir les œuvres d'un maître, elle dispose les maîtres mêmes dans un ordre chronologique. Florence a écouté les conseils du bon sens ; pourquoi Paris s'obstinerait-il plus longtemps à les repousser ? Que les maîtres primitifs reprennent la place qui leur appartient, et que toutes les écoles soient disposées dans un ordre chronologique : les ignorants ne s'en plaindront pas, et tous les esprits studieux applaudiront.

Après la galerie des Offices, le musée du Louvre est la plus riche galerie du monde entier. Malheureusement, les richesses que nous possédons sont livrées à tous les caprices de l'ignorance et de la vanité. Tantôt une main maladroite dérange pour le plaisir de déranger, tantôt une main sacrilège imprime au front d'une œuvre immortelle une blessure impérissable. Il serait temps d'arrêter ces profanations. Si l'exemple de Florence était suivi, si tous les maîtres étaient disposés dans un ordre chronologique, la foule en quelques années apprendrait à les connaître, sinon à les apprécier, et les fautes commises par l'administration frapperaient tous les yeux. Il ne serait plus permis de traiter les vieux tableaux comme le linge sale, de les mettre à la lessive, de les poncer, de les savonner. Chacun saurait que tel jour, à telle heure, un Poussin, un Lesueur a subi l'affront d'une restauration ignorante, et la sottise dénoncée sur-le-champ ne pourrait plus se renouveler. J'appelle de tous mes vœux ce régime salutaire. Qu'on y prenne garde, les plus belles œuvres auront peut-être la même destinée que la *Vie de saint Bruno*. L'injure faite à Lesueur est demeurée impunie ; qui nous assure que demain ce ne sera pas le tour de Raphaël ?

M. Constant Dufeu, l'un des pensionnaires les plus distingués de l'école de Rome, aujourd'hui professeur à l'école de Paris, mais dont le talent par malheur n'a jamais été mis à l'épreuve, a composé pour la société des architectes une médaille dont la devise peut servir à juger les derniers travaux de M. Duban. Cette médaille, gravée par M. Oudiné, ne porte pour inscription qu'une seule parole empruntée à la langue d'Homère, mais cette parole unique résume dans son éloquente concision tous les devoirs de l'architecture. *Le beau dans l'utile*, tel est le but que l'architecture doit se proposer constamment. Qu'il s'agisse d'un palais, d'une église ou d'une forteresse, le devoir est toujours le même. La beauté sans l'utilité, l'utilité sans la beauté, ne sont qu'une moitié de la tâche. Or M. Duban, en décorant le musée du Louvre, semble avoir oublié complètement la devise de son art. Je ne dis pas qu'il ait atteint la beauté à l'exclusion de l'utilité, je suis très loin de le croire, car la décoration qu'il a imaginée, malgré l'incontestable talent des hommes chargés de traduire sa pensée, ne contentera pas les esprits sérieux et ne séduira pas même la foule ignorante. Lors même que nous consentirions à oublier la destination du Musée, il nous serait bien difficile d'amnistier l'œuvre de M. Duban. Étant donné la destination du Musée, il est trop évident que l'utilité a été partout sacrifiée sans profit pour la beauté. D'ailleurs, pour tous ceux qui comprennent pleinement les devoirs et la mission de l'architecture, le beau n'existe pas sans l'utile. Église, palais ou forteresse, tout monument dont la forme ne révèle pas l'usage, dont la destination n'est pas indiquée dans les lignes générales, écrite avec précision dans les ornements, est et sera toujours un monument bâtard, ou plutôt un monument avorté. Il faut que la richesse, le loisir et la puissance soient inscrits au front des palais, que l'église exprime le recueillement et la prière, que la forteresse révèle en signes éclatants le mépris du danger et la résistance désespérée. Sans parler des exemples sans nombre que l'antiquité nous fournit, des exemples plus récents, des exemples qui chaque jour frappent nos yeux, auraient dû éclairer M. Duban sur les dangers de la voie où il s'engageait. Pourquoi la Madeleine est-elle si généralement, si justement dédaignée ? C'est que rien dans ce monument ne révèle sa destination religieuse. C'est que cette parodie de la maison carrée de Nîmes, salle de banquet ou salle de bal, ne parle de prière ni dans ses lignes ni dans ses ornements. Les caissons du plafond évoquent à l'envi les plus joyeuses ritournelles ; à peine le pied a-t-il foulé les dalles, que l'esprit, au lieu de monter vers Dieu, songe à la valse, aux quadrilles. Quant aux chapelles placées dans les bas-côtés, elles ne font pas partie de l'église ; ce sont des appliques nées du caprice et que le caprice pourrait effacer. Aussi l'œuvre de M. Huvé est et demeure parfaitement ridicule. Vainement invoquerait-il la nécessité où il s'est trouvé d'utiliser les travaux faits pour le temple de la Gloire. Bien que le plan commande à l'élévation, à la coupe, cependant, comme les travaux livrés à M Huvé étaient à fleur de sol, il n'était pas impossible de modifier le plan de Vignon et de transformer en église chrétienne le temple de la Gloire.

Un exemple, d'une nature toute diverse aurait dû dessiller les yeux de M. Duban. La bibliothèque Sainte-Geneviève, achevée l'année dernière par M. Henri Labrouste, répond parfaitement à sa destination. Bien que je n'approuve pas les myriades de noms inscrits au vermillon sur les murs de la bibliothèque, je rends pleine justice au talent fin et délicat, au rare bon sens qui éclatent dans toutes les parties de cet édifice. Le vestibule, qui d'abord paraissait obscur, s'éclaire de jour en jour à mesure que s'écroule la prison Montaigu. L'escalier ample et majestueux s'accorde bien avec le caractère du vestibule. Quant à la salle de lecture, elle me semble réunir toutes les conditions d'une œuvre à la fois utile et belle. L'espace divisé en deux voûtes jumelles soutenues par une charpente de fer offre un mélange d'élégance et de simplicité. La lumière, sagement distribuée, sans profusion comme sans avarice, prépare l'esprit à l'étude, à la réflexion. Lors même que les rayons seraient vides, chacun sentirait encore que cette salle n'est pas faite pour le plaisir, mais pour le recueillement, tant il y a de sobriété, de gravité dans l'ornementation. M. Labrouste comprend son art autrement que M. Huvé. S'il y a quelque puérilité dans les noms inscrits sur les murs de la bibliothèque, il faut se rappeler que la modicité de la somme allouée à l'architecte ne lui permettait pas d'exprimer sa pensée par des bas-reliefs, et lui tenir compte du goût exquis avec lequel il a décoré l'intérieur du monument. La Madeleine et le salon carré se transformeraient sans effort en salle de bal ; la bibliothèque Sainte-Geneviève, dépouillée des livres entassés sur les rayons, exprimerait encore l'austérité de sa destination. M. Labrouste a médité longtemps et ardemment sur les données, sur les devoirs, sur le but de son art. Il a compris la nécessité de réunir dans une étroite alliance le beau et l'utile, ou plutôt d'exprimer l'utile par le beau. Et en effet, dans toutes les parties de la bibliothèque, l'ornementation est toujours la très humble servante de l'usage assigné à la construction. Enlevez les tableaux du salon carré, de la salle des sept cheminées : où trouver un Œdipe assez pénétrants pour deviner la destination de ces deux pièces ? M. Labrouste embrasse d'un seul regard les deux éléments de l'architecture, qui ne peuvent être impunément séparés l'un de l'autre ; M. Duban, en croyant subordonner l'utilité à la beauté comme une donnée secondaire à une donnée capitale, ne réussit pas même à réaliser ce vœu que le bon sens désavoue, car la beauté, même dans les arts qu'on est convenu d'appeler arts d'imitation, ne peut être envisagée d'une façon égoïste. Dans la Vénus de Milo comme dans le Thésée, dans la Diane chasseresse comme dans le Gladiateur, la beauté des formes exprime la mollesse ou l'énergie, la souplesse ou la vigueur. La beauté si diverse de ces personnages offre un sens déterminé, c'est-à-dire, en d'autres termes, que la forme exprime la nature habituelle des mouvements. Or, il n'est pas difficile de saisir l'analogie qui unit l'utilité et cette expression déterminée. Toute beauté qui ne repose pas sur un pareil fondement est une beauté capricieuse et incomplète.

À vrai dire, nous savions depuis longtemps à quoi nous en tenir sur le goût et l'habileté de M. Duban. L'École des Beaux-Arts de Paris disait assez clairement, assez nettement ce qu'il pouvait faire. Cette école, pour l'achèvement de laquelle l'état a dépensé une somme considérable, n'a pas de caractère déterminé. Le visiteur, en pénétrant dans la première cour, éprouve une impression singulière : il croit voir tout danser autour de lui. Tous les éléments de cet édifice sont en effet si étrangement disposés, que rien ne paraît occuper une place nécessaire. Je ne veux pas méconnaître les difficultés que présentait l'achèvement de l'École. La façade du château d'Anet, le fragment du château de Gaillon, conservés comme de précieux échantillons de la renaissance, devaient nécessairement gêner la liberté de l'architecte. J'ajouterai, pour n'être pas accusé d'injustice, que les travaux avaient été commencés par M. Huyot. Toutefois, malgré la façade d'Anet, malgré le fragment de Gaillon, malgré les travaux de M. Huyot, je suis pleinement convaincu que M. Duban, guidé par un goût sévère que par malheur il n'a jamais connu, pouvait faire de l'École de Beaux-Arts quelque chose de sensé. Or le monument qui porte aujourd'hui ce nom pompeux ne le justifie guère. Cette école, destinée à l'enseignement des arts du dessin, parmi lesquels l'architecture n'occupe certainement pas le dernier rang, envisagée sous le triple aspect du plan, de l'élévation et de la coupe, n'offre elle-même qu'un pitoyable enseignement. Distribution des salles, décoration extérieure et intérieure, tout est livré au caprice, rien ne relève d'une raison prévoyante. Mille détails étudiés et rendus avec coquetterie, rien qui exprime la destination du monument, car les bustes de Pujet et de Nicolas Poussin ne suffisent pas pour marquer le but de cette construction. Le grand escalier qui mène au premier étage, vanté d'abord avec tant de fracas, n'est, à proprement parler, qu'une carte d'échantillons. Toutes ces plaques de marbre encastrées dans les murailles n'ont guère plus de valeur aux yeux d'un homme de goût qu'un habit d'arlequin. Il n'y a là rien qui ressemble à une véritable décoration, rien qui mérite une attention sérieuse. Le plafond de la salle destinée à l'exposition des ouvrages de peinture n'est pas conçu d'une façon plus sévère. De gais convives ou de joyeux danseurs seraient tout aussi bien placés dans cette salle que les tableaux des élèves, et je persiste à croire que toute œuvre d'architecture doit porter à l'intérieur comme à l'extérieur le signe de sa destination. M. Duban, qui a vécu cinq ans en Italie comme pensionnaire, ne l'ignore sans doute pas. Pourquoi donc se conduit-il absolument comme s'il l'ignorait ?

Parlerai-je d'une salle du rez-de-chaussée qui devait offrir à l'étude les bas-reliefs moulés en Italie, et qui demeure aujourd'hui sans usage, pour une raison qui n'admet pas de réplique, parce que le plafond, qui n'avait à porter qu'un seul étage, ne s'est pas trouvé avoir les épaules assez fortes ? Le plafond a fléchi, et ne conserve un semblant d'existence que grâce aux arbres de fonte qui sont venus étayer sa faiblesse. Si M. Duban, au lieu de perdre son temps à disposer sur les parois du grand escalier tous les échantillons de marbre qu'il pouvait rencontrer, eût pris la peine d'étudier ou de se rappeler les lois de la statique, dont l'architecture ne saurait se passer, s'il eût mesuré l'armature du plafond au poids du premier étage, cette salle, aujourd'hui condamnée comme inutile, nous présenterait un choix de bas-reliefs empruntés soit à l'antiquité, soit à la renaissance. Livré tout entier au soin d'éblouir, il a négligé une condition prosaïque et vulgaire : la solidité de l'édifice. L'exemple de M. Debret n'aurait pourtant pas dû être perdu pour lui. La mésaventure du clocher de Saint-Denis, qui très heureusement s'est écroulé à l'heure où les bourgeois étaient encore dans leurs lits, aurait dû lui montrer toute l'importance de cette condition vulgaire qui s'appelle solidité ; mais M. Duban ne daigne pas descendre jusqu'à ces détails mesquins. Son ambition vise plus haut : il prétend ressusciter l'architecture de la renaissance. Lors même que cette prétention serait justifiée, M. Duban n'aurait pas de place marquée dans l'histoire de son art. La résurrection du passé ne suffira jamais pour assurer la durée d'un nom ; mais il s'en faut de beaucoup qu'il ait retrouvé la fantaisie élégante et ingénieuse de la renaissance, car, sous Louis XII, sous François Ier, même sous Henri IV, les architectes, dans leurs caprices les plus hardis, n'ont jamais perdu de vue l'harmonie et l'unité, et l'École des Beaux-Arts n'offre rien de pareil. Quant à la solidité des édifices, ils n'en faisaient pas fi. Ainsi M. Duban, qui dédaigne les conditions prosaïques de l'architecture, n'en connaît pas mieux les conditions poétiques. Il néglige, il méconnaît l'utile sans rencontrer le beau. Anet, Gaillon, Moret, Amboise, Fontainebleau, ont amusé son esprit sans l'instruire, sans lui révéler les lois fondamentales sur lesquelles repose l'expression de la pensée, quelle que soit d'ailleurs la forme choisie, peinture, statuaire ou architecture. La coquetterie la plus exquise, les détails les plus charmants, ne dissimuleront jamais l'absence d'unité, et l'unité manque à l'œuvre de M. Duban. Rien de plus simple, rien de plus facile à comprendre : l'auteur de l'École des Beaux-Arts n'a jamais rien créé. Depuis qu'il manie le compas et l'équerre, il n'a jamais distingué l'imagination de la mémoire ; pour lui, inventer et se souvenir sont une seule et même chose. Il n'est donc pas étonnant que l'unité manque à tous ses travaux, car l'unité n'appartient qu'aux pensées librement conçues, librement écloses, librement épanouies. Conception, éclosion, épanouissement, trois faits que l'imagination peut revendiquer, et qui n'ont rien à démêler avec la mémoire. À cet égard, la renaissance est du même avis que l'antiquité.

Si de l'intérieur du Musée nous passons à l'extérieur, nous aurons un singulier spectacle. Je dis nous aurons, car les travaux sont encore enveloppés de charpente, et nous ne pourrons les voir librement que dans quelques mois ; mais les projets de M. Duban ne sont un mystère pour personne. Autant il s'est montré hardi à sa manière dans l'intérieur du Musée, autant il se montre timide dans la restauration des frontons qui font face au quai. Au lieu d'offrir aux jeunes statuaires l'occasion de prouver leur savoir et leur talent, il s'est borné à estamper les frontons achevés depuis longtemps pour obtenir des répliques. Un tel procédé se conçoit tout au plus lorsqu'il s'agit du portail d'une cathédrale : la tradition de la sculpture gothique est à peu près perdue, et pourtant il vaudrait mieux laisser libre carrière à la fantaisie de l'artiste en l'obligeant toutefois à respecter la donnée générale du monument ; car Notre-Dame de Reims, Notre-Dame de Paris, Notre-Dame de Rouen se recommandent par une étonnante variété, et jamais, dans la restauration de ces œuvres puissantes, l'estampage ne pourra suppléer l'invention. Pour la galerie qui unit le vieux Louvre aux Tuileries, un tel procédé se conçoit encore plus difficilement. M. Duban réduit la tâche des statuaires à la tâche d'un praticien. Ils mettront au point les modèles trouvés dans les greniers du Louvre, et devront s'estimer trop heureux d'être payés à la journée. Comment expliquer une telle pusillanimité après une telle audace ? Comment concilier une telle abnégation avec une telle hardiesse d'initiative ? Faut-il croire que M. Duban, ayant épuisé tous les trésors de son imagination dans la décoration intérieure du musée, s'est senti saisi d'une soudaine lassitude ? Je serais tenté de le penser ; après ce prodigieux enfantement, le repos lui était bien permis. À peine l'œil le plus attentif peut-il signaler çà et là quelques caprices inattendus, quelques œils-de-boeuf qui ne s'accordent pas précisément avec le style du vieux Louvre, et que rien ne motive. Les parties vermiculées sont rafraîchies avec un soin particulier, qui ne manquera pas de réjouir les badauds. La teinte sombre que le temps avait donnée à la pierre a disparu sous le grattoir, et c'est une bonne fortune pour ceux qui aiment les murailles neuves. Pour moi, je n'hésite pas à condamner sans restriction cette manie de rajeunissement ; c'est une niaiserie qui devrait être bannie de tous les programmes de restauration.

Ainsi, la décoration du Musée, incohérente au dedans, timide à l'extérieur, établit clairement l'insuffisance de M. Duban, et tous les vrais amis de l'architecture ont droit de regretter qu'il ait été chargé d'une tâche si délicate. Personne, je l'espère, ne m'accusera de parler légèrement, car j'ai pris la peine de justifier mon opinion par une analyse patiente. Je n'ai rien avancé sans preuves, et chacun peut juger mon jugement.

Les travaux de la cour sont tellement ridicules, qu'il est inutile d'en parler. Ces triangles de gazon entourés d'une guipure de fer qui ne verront jamais une fleur s'épanouir donnent au Louvre l'apparence d'un cimetière, et la fontaine qui doit remplacer la statue du duc d'Orléans ne fécondera pas leur stérilité. Si M. Duban eût pris conseil d'un jardinier, il n'aurait jamais imaginé cette burlesque décoration, dont le bon sens public a déjà fait justice. Il nous reste à souhaiter qu'elle disparaisse bientôt.

Je reviens au Musée. Le salon carré et la salle des sept cheminées ont dévoré des sommes énormes, et cette dépense est d'autant plus regrettable, que les travaux offerts à notre admiration rétive ont été précédés de nombreux tâtonnements. Encore si ces tâtonnements n'avaient coûté qu'une rame de papier, nous pourrions nous résigner à l'indulgence. Si l'architecte, suivant l'exemple des médecins qui éprouvent une substance nouvelle sur une vile créature avant de l'appliquer au traitement des maladies humaines, eût confié ses doutes au vérin, qui souffre tout et ne ruine personne, nous pourrions compatir à son échec ; mais, pour nous servir d'une expression vulgaire, il a taillé en plein drap. C'est sur les murailles mêmes du Louvre qu'il a essayé son savoir. Les travaux que nous avons sous les yeux représentent tout au plus le tiers de la dépense, car ils ont été recommencés plusieurs fois, et, lors même qu'ils seraient nés d'une inspiration soudaine, ils ne mériteraient pas l'indulgence des connaisseurs.

Avec la moitié de la somme dépensée, le Musée pouvait s'enrichir, se compléter ; il pouvait acquérir en Italie, en Espagne, en Hollande, en Allemagne, des échantillons précieux des maîtres qui lui manquent, ou ne sont pas représentés d'une façon digne de leur nom. Des Murillo, des Velasquez, des Ribeira, des Van Hemling, des Albert Durer, les maîtres primitifs de l'Italie, voilà ce qu'il fallait chercher, ce qu'il fallait trouver pour compléter le musée de Paris. L'argent prodigué pour de telles acquisitions n'eût soulevé aucun murmure, n'eût excité aucune raillerie. Les travaux de M. Duban ne sont pour les yeux les moins sévères qu'une fastueuse inutilité. Le mal est accompli, force nous est de l'accepter. Espérons toutefois que l'improbation publique dessillera les yeux des hommes à qui est confiée la tâche délicate d'entretenir et d'embellir les monuments dont la France se glorifie, et qu'ils choisiront désormais un artiste plus savant et plus sensé que M. Duban : c'est le vœu de tous les esprits qui, dans l'art comme dans la poésie, préfèrent l'harmonie au clinquant.

ISBN : 978-1547011360

www.ingramcontent.com/pod-product-compliance
Lightning Source LLC
Chambersburg PA
CBHW061453180526
45170CB00004B/1684